HEYNE BÜCHER
SACHBUCH

D1933531

9. November 1989

Der Tag der Deutschen

Eine Bilddokumentation

Originalausgabe

WILHELM HEYNE VERLAG
MÜNCHEN

HEYNE SACHBUCH
Nr. 19/114

Zusammengestellt von
Bernhard Michalowski, Christine Proske und Günther Fetzer

4. Auflage

Copyright © 1990 by Wilhelm Heyne Verlag GmbH & Co. KG, München
Printed in Germany 1990
Fotos: AP (3); W. Haut (1); alle übrigen dpa.
Umschlaggestaltung: Atelier Adolf Bachmann, Reischach
Herstellung: Dieter Lidl
Satz: Satz & Repro Grieb, München
Druck und Verarbeitung: RMO, München

ISBN 3-453-04326-X

»Gestern nacht
war das deutsche Volk
das glücklichste Volk
auf der Welt.«

WALTER MOMPER
Regierender Bürgermeister von Berlin

Achtung!
Sie verlassen
West-Berlin
RAUS AUS AFGHANIST
POLAND
STATT

»Freiheit kann auf Dauer nicht eingemauert werden.«

BUNDESPRÄSIDENT RICHARD VON WEIZSÄCKER

»Wir sind jetzt in einer Situation, wo wieder zusammenwächst, was zusammengehört.«

WILLY BRANDT

Die Abkehr

DDR-Bürger verlassen ihr Land über Ungarn und die CSSR

Der ungarische Außenminister Gyula Horn (re.) und sein österreichischer Kollege Alois Mock zerschneiden den »Eisernen Vorhang«. – Rund 500 DDR-Bürger nutzen ein Europa-Treffen an der ungarischen Grenze am 19. August 1989 zur Flucht nach Österreich – die Massenflucht beginnt.

Wie kommt man in den Westen – eine unkonventionelle Orientierungshilfe.

Geglückte Flucht: ehemalige DDR-Bürger präsentieren ihre bundesdeutschen Reisepässe.

Kleine Veränderung – große Freude.

Der Anfang vom Ende:
Militärparade zum 40. Jahrestag der DDR am 7. Oktober 1989.

Ein Logenplatz in der Geschichte.
West-Berliner bei der Demontage der Mauer.

Werbung für den Westen.

DDR-Grenzposten – kalter Kaffee?

Endlich der Durchblick.

Ein neues Tor zum Westen: Die deutsche Botschaft in Prag.

Notbetten im Botschaftsgarten in Prag: 4500 DDR-Flüchtlinge warten auf ihre Ausreise.

Nach der Abreise der DDR-Flüchtlinge aus Prag.

Mit Kind und Kegel über die Grenze.

Das vorläufige Ende der Flucht.

Begeisterung und erste Hilfe.

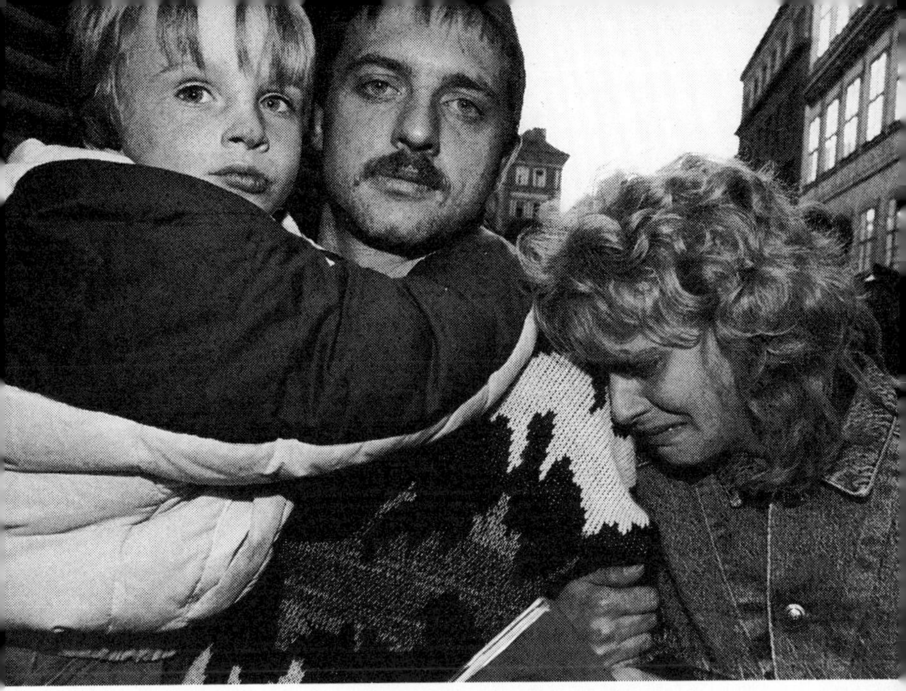

Tränen nach dem Passieren einer Polizeikontrolle.

Im goldenen Westen – Notunterkunft in der Rheingauhalle in Waldsee.

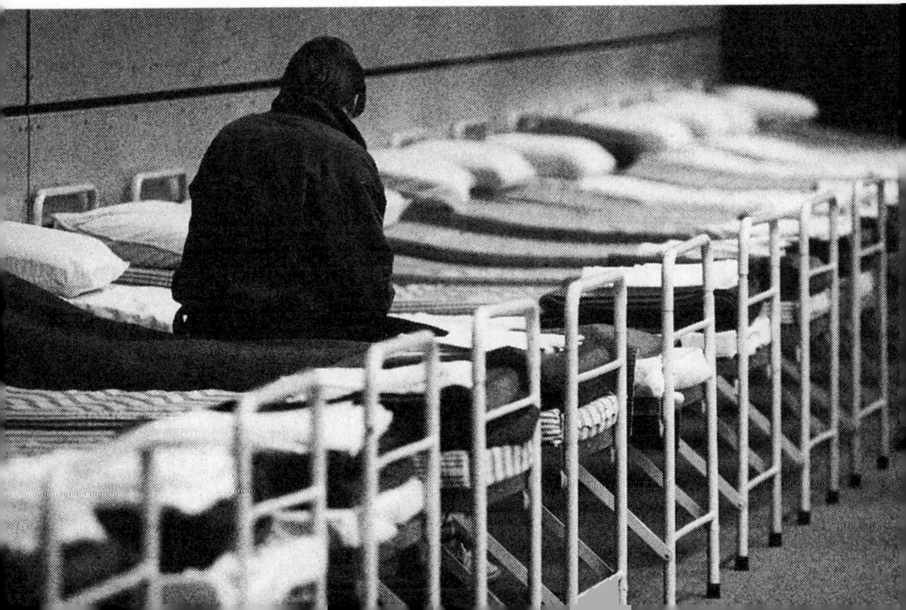

Die Zuspitzung

Während die Mächtigen den 40. Geburtstag der DDR feiern, demonstriert das Volk

Im September 1989 demonstrieren Hunderte von DDR-Bürgern in Leipzig für Reisefreiheit.

Bärbel Bohley (li.), Mitinitiatorin des »Neuen Forums« bei einer Pressekonferenz.

Noch an der Macht: Staats- und Parteivorsitzender
Erich Honecker, Volkskammerpräsident Horst Sindermann und
Verteidigungsminister Heinz Kessler (v. li.).

Was muß Honecker abgeben?

Kranzniederlegung am Sowjetischen Ehrenmal in Ost-Berlin.

Bürgerprotest am 40. Jahrestag der DDR, am 7. Oktober 1989, in der Gethsemane-Kirche in Ost-Berlin.

Auf der Mauer bejubeln die Berliner das unglaubliche Geschehen.

DDR-Wasserwerfer können die Begeisterung nicht dämpfen.

Mit Wunderkerzen feiern die Berliner die Öffnung der Mauer.

Leuchtraketen eröffnen die neue Ära Berlins.

Zweimal Deutschland – die deutschen Flaggen vor dem offenen Schlagbaum.

Bei der Reparatur eines Grenzzaunes wird ein DDR-Soldat
von einer Bierdose getroffen.

Brutales Vorgehen der Sicherheitsorgane gegen Demonstranten am 7. und 8. Oktober in Ost-Berlin.

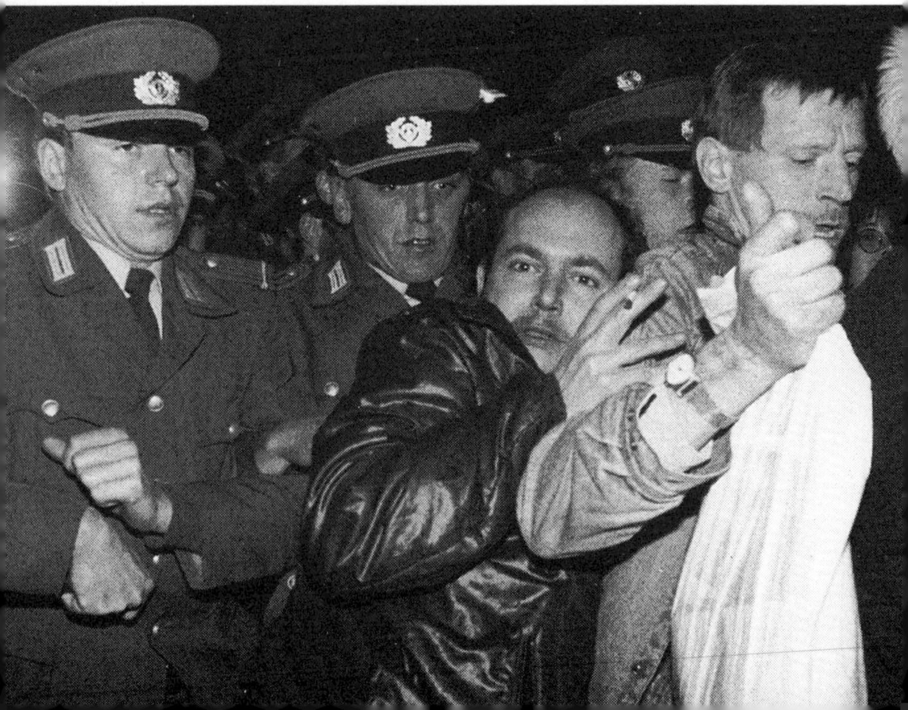

Volkspolizei contra Volk.

Junge Ost-Berliner demonstrieren gegen die Wahl von Egon Krenz.

Mehr als eine halbe Million Teilnehmer bei der größten Demonstration, die die DDR je erlebte. Protesttransparente auf dem Alexanderplatz am 4. November 1989.

Der Durchbruch

Am 9. November öffnet die DDR-Führung die Grenzen

Verständigung zwischen Ost und West: Ein steifer Grog für patroullierende DDR-Grenzer.

Gemeinsame Sicherung: West- und Ost-Berliner Polizisten schützen die Mauer vor Zugriffen der Demonstranten.

Ein DDR-Grenzpolizist blickt zurück.

Der weltberühmte Cellist Mistislaw Rostopowitch
spielt vor der Mauer.

Kalte Dusche: Ungeachtet der Wasserwerfer läßt sich dieser Mann in der Nacht zum 10. November 1989 nicht von seinem »Mauerspaziergang« abbringen.

»Nicht auf die Mauer klettern oder sonstwie dort
mit 'nem Hämmerchen tätig werden. Das ist zu gefährlich.«

BERLINS REGIERENDER BÜRGERMEISTER WALTER MOMPER

Breschen in der Mauer – Bruchstücke als Souvenir.

Die Mauer muß weg …
… damit »Grenzer« aus Ost und West
sich die Hand geben können.

RICAR
TRES
MONS

Offene Grenze ...

...neue Situation

Warten auf den Westen.

Pflichtbewußtsein: Trotz der völlig unüberschaubaren Situation stempelt ein DDR-Grenzer eisern weiter Ausweise ab.

Legiendamm
Waldemarstraße
Einigkeit u. Frei
für

Die Vergangenheit

Seit dem 13. August 1961 trennte die Mauer die beiden deutschen Staaten

Am 15. August 1961 flüchtete Conrad Schumann (hier bei einer Pressekonferenz am 11. August 1986) als erster DDR-Grenzsoldat in den Westen. Im Hintergrund das historische Foto.

Symbol des Kalten Krieges: Die Mauer.

Chronik der Berliner Mauer

1959 Fast 150 000 Menschen kommen 1959 aus der DDR in den Westen – ein neuer Rekord. Nikita Chruschtschows Forderung nach einem Separat-Friedensvertrag mit der DDR und der Errichtung einer Freien Stadt West-Berlin sind die Gründe für das Ansteigen der Fluchtwelle.

1960 Der Flüchtlingsstrom hält auch 1960 unvermindert an: Fast 200 000 DDR-Bürger kehren in diesem Jahr ihrem Land den Rücken.

1961 Der Massenexodus erreicht Anfang des Jahres einen neuen Höhepunkt. Im Januar sind es über 16 000, die die DDR verlassen; im Juli sind es bereits doppelt so viel. Drei Viertel davon kommen durch das Schlupfloch West-Berlin. Der Osten muß handeln, zumal die meisten Flüchtlinge unter 25 Jahre alt sind.

15. Juli 1961 Auf die Frage eines Journalisten, ob am Brandenburger Tor eine Grenze entstehen werde, antwortet SED-Chef Walter Ulbricht: »Ich verstehe ihre Frage so, daß es in West-Deutschland Menschen gibt, die wünschen, daß wir Bauarbeiter der Hauptstadt der DDR dazu mobilisieren, eine Mauer aufzurichten. Mir ist nicht bekannt, daß eine solche Absicht besteht.«

25. Juli 1961 Der amerikanische Präsident John F. Kennedy verkündet die Grundsätze der amerikanischen Berlin-Politik: Die Alliierten müssen auch weiterhin das Recht haben, in West-Berlin präsent zu sein. Der Zugang nach West-Berlin muß gesichert sein. Der West-Berliner Bevölkerung muß das Recht zugestanden werden, über ihre Zukunft und ihre Lebensweise frei zu bestimmen.

30. Juli 1961 Senator William Fullbright in einem Interview: »Ich versteh' nicht, warum die Ostdeutschen nicht ihre Grenzen schließen, denn ich glaube, daß sie ein Recht haben, sie zu schließen.«

12. August 1961 Erklärung des DDR-Innenministeriums: »Solange West-Berlin nicht in eine entmilitarisierte neutrale Freie Stadt verwandelt ist, bedürfen die Bürger der Hauptstadt der Deutschen Demokratischen Republik für das Überschreiten der Grenzen nach West-Berlin einer besonderen Bescheinigung.«

13. August 1961 DDR-Polizisten sperren um ein Uhr morgens den Weg in die Westsektoren. Pioniereinheiten beginnen Stacheldrahtverhaue anzulegen. Das Pflaster wird aufgerissen, der Grenzverlauf mit weißer Farbe am Boden aufgezeichnet. Mit Steinen und Asphalttürmen werden Barrikaden errichtet. Die Grenze wird von Militär und Volkspolizisten überwacht. Ost- und West-Berlin sind geteilt. Begründung des DDR-Ministerrates: »Die Erhaltung des Friedens erfordert, dem Treiben der westdeutschen Revanchisten einen Riegel vorzuschieben.« Deshalb müsse ab sofort eine Grenze zu den West-Sektoren errichtet werden, »wie sie an den Grenzen jedes souveränen Staates üblich ist.«

17. August 1961 Die Westmächte legen »feierlichen Protest« gegen das Vorgehen der DDR-Regierung ein. Die ergriffenen Maßnahmen seien illegal.

18. August 1961 Die UdSSR gibt der DDR Rückendeckung. Sie unterstütze die Maßnahmen voll, weil damit die »Wühltätigkeit gegen die Länder der sozialistischen Gemeinschaft« unterbunden werde.

19. August 1961 Das erste Todesopfer: Beim Sprung aus einem Wohnhaus an der Bernauer Straße verletzt sich ein Ost-Berliner tödlich.
US-Vizepräsident Johnson erteilt bei seinem Besuch im Westsektor der Stadt eine Freiheitsgarantie.

23. August 1961 Ab sofort benötigen West-Berliner Aufenthaltsgenehmigungen für den Osten der Stadt. Der Verkehr zwischen Ost und West kommt damit fast zum Erliegen.

20. September 1961 Die Häuser an der Grenze werden zwangsgeräumt. Anstelle der Barrikaden und Stacheldrahtverhaue wird »die Mauer« errichtet – nach ihrer Fertigstellung ist sie zwölf Kilometer lang und mit fast 140 Kilometer Stacheldraht und 500 000 Quadratmeter Schneisen, Todes- und Schußstreifen gesichtert.

17. August 1962 Der achtzehnjährige Paul Fechtner verblutet an der Mauer. Er wurde bei einem Fluchtversuch von Grenztruppen der DDR angeschossen; dem Schwerverletzten wird keine Hilfe zuteil.

17. Dezember 1963 Für West-Berliner wird die Mauer ein wenig durchlässiger – die Passierschein-Regelung wird getroffen.

20. Januar 1989 SED-Chef Erich Honecker erklärt, daß die Mauer so lange stehen bleibe, wie die Bedingungen für ihren Bau sich nicht geändert hätten.

6. Februar 1989 Zwei Wochen vor Aufhebung des Schießbefehls wird ein 22jähriger bei einem Fluchtversuch erschossen. Er ist das letzte von 77 Todesopfern an einer unmenschlichen Grenze.

Fluchtszene in der Bernauer Straße: Die Häuser bildeten die Sektorengrenze.

Hinter dem Stacheldraht: Ein Bewohner der Bernauer Straße blickt in den freien Teil der Stadt.

Bilder, die um die Welt gingen: Stasi-Beamte wollen die Flucht einer alten Frau verhindern, ein junger Mann reißt sie los.

Der 18jährige Peter Fechter wird am 17. August 1962 von Schüssen der DDR-Grenzer tödlich getroffen.

DDR-Grenzposten auf der Mauerkrone vor dem Brandenburger Tor.
Die Demontage – technisch kein Problem.

Menschenmassen machen die Mauer fast unsichtbar.

Am Brandenburger Tor haben Jugendliche eine Mauerplatte herausgebrochen, die von DDR-Grenzposten wieder aufgerichtet wird.

Der Schlagbaum als Rammbock.

8. April 1989: Zu Fuß wollten zwei jugendliche DDR-Bürger in den Westen flüchten – noch mißlang die Flucht.

Platz vor dem
Brandenburger Tor

Die Freude

Gemeinsam feiern die Deutschen den Tag, an dem die Mauer durchlässig wurde

Der 9. November – der neue deutsche Feiertag?

Deutsch-deutsche Beziehungen: Bundespräsident Richard von Weizsäcker im Gespräch mit einem DDR-Grenzoffizier.

Die Zufriedenheit »der Bürgermeister von Berlin«: Willy Brandt und Walter Momper bei einer Kundgebung vor dem Brandenburger Tor.

Legaler Grenzübertritt: »Ich wollt' nur mal sehn, wie det Brandenburger Tor vonne anderen Seite aussieht.«

OST-BERLINER in West-Berlin

Gruppenbild mit Grenzsoldaten.

»Was für ein Tag, und das wird nicht mehr aufhören.«

Grenzübergang Ostpreußendamm: Die Kalaschnikow hat ihren Schrecken verloren.

Deutsch-deutscher Händedruck.

Gemeinsam sorgten West-Berliner Polizei und DDR-Grenztruppen (re.) am neugeschaffenen Grenzübergang Potsdamer Platz für Ordnung bei der nach Westen drängenden Masse.

Die Mauer ist offen:
Bundeskanzler Helmut Kohl, Außenminister Hans-Dietrich Genscher, der Ehrenvorsitzende der SPD, Willy Brandt, und der

»Der Potsdamer Platz war das alte Herz Berlins. Es wird wieder wie früher schlagen.«

WALTER MOMPER (hier mit seinem Ost-Berliner Kollegen Erhard Krack und mit Bundespräsident Richard von Weizsäcker).

»Der Drang zur Freiheit ist stärker als Stahl und dauerhafter als Beton.«

US-PRÄSIDENT GEORGE BUSH

Der Westen

Zu Hunderttausenden besuchen die DDR-Bürger die Bundesrepublik und West-Berlin

100
Banknote
100

Die letzte Sperre ist gefallen: Tausende von DDR-Bürger strömen an der Bernauer Straße in den Westen.

Sekt für die Grenzposten.

Die zwei Seiten der Mauer am neuen Übergang
Stubenrauchstraße.

Trabbischlange am Grenzübergang Rudolphstein.
Kehraus vor dem Brandenburger Tor.

Rose für ein Visum: Provisorische Abfertigung der DDR-Bürger an der Grenze.

Ungeduld: Ein Volkspolizist bemüht sich um Ordnung an der Grenze.

An den geöffneten Schlagbäumen sammeln sich die Grenzgänger.

Der aktuelle Wechselkurs ...

...für den Einkauf auf dem Kurfürstendamm

Letzte Hindernisse auf dem Weg in den Westen: Trabbi-Stau an der Grenze.

NKG 7-33

Im Auto und zu Fuß in die Bundesrepublik.

Noch vor kurzem undenkbar: Ein Spaziergang in den Westen.

»Ich fühl' mich wie ein Bettler, wenn ich mir die hundert Mark abhole.«

DDR-BÜRGER zum Begrüßungsgeld

Meinungs- und Warenvielfalt: Schlangestehen im Westen.

Halbe Preise in St. Pauli: Für DDR-Bürger war die käufliche Liebe verbilligt.

Autobahnkontrollpunkt Helmstedt: Geduldiges Warten.

Die
JEDER

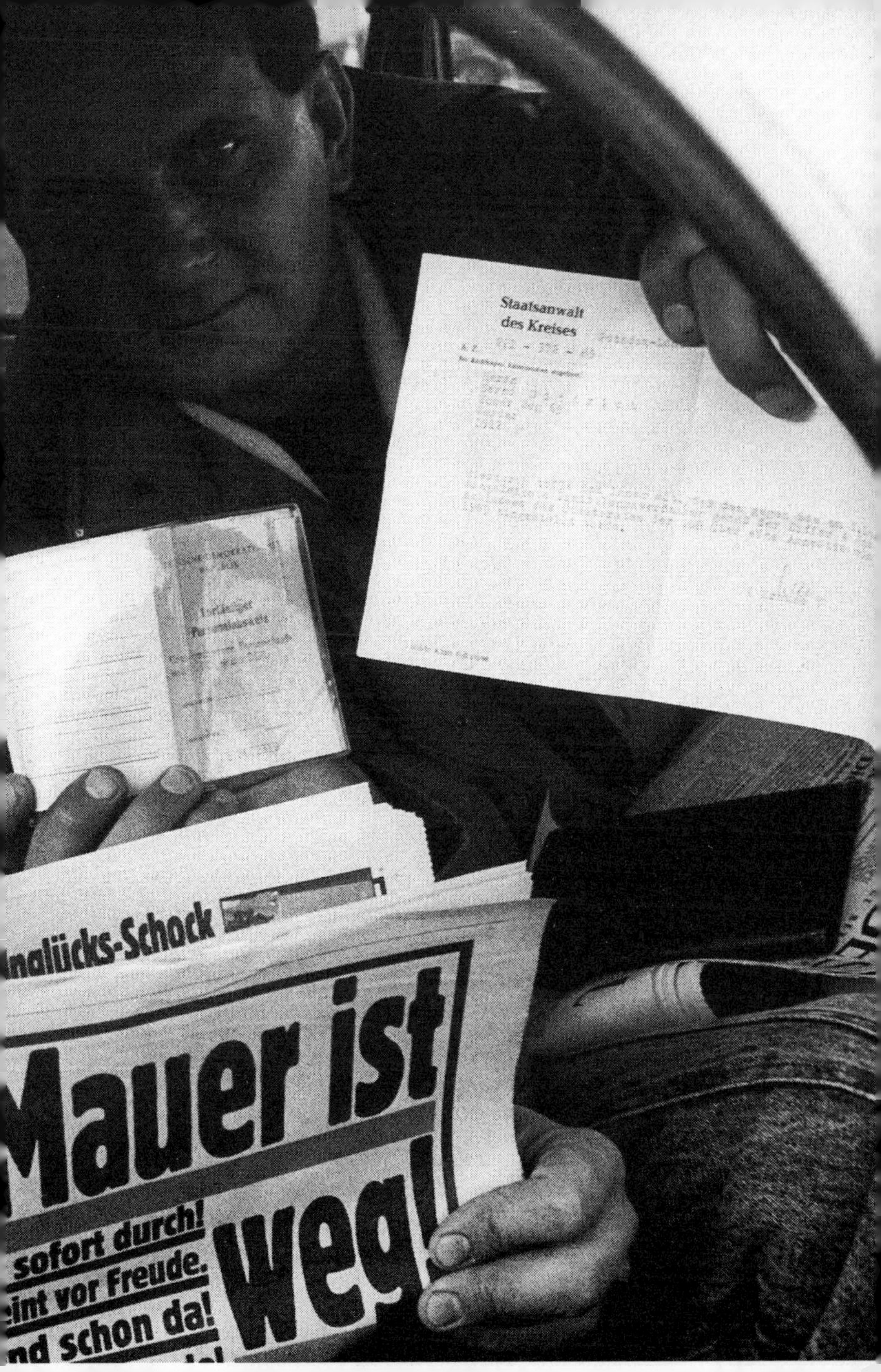
Staatsanwalt
des Kreises
Mauer ist
weg!
sofort durch!
vor Freude.
schon da!

»Eine stille Revolution,
die die Spaltung Deutschlands
hinter sich lassen wird.«

WILLY BRANDT
Ehrenvorsitzender der SPD
und ehemaliger Bürgermeister von Berlin